요한이 전하는 생명의 예수님

후아유 지저스

저자 정부선

Who Are You Jesus?

도서출판사 **TOBIA**

요한이 전하는 생명의 예수님

김덕진 목사 토비아선교회대표

하나님께서는 이스라엘 자손이 애굽 고통 가운데 있을 때 '당신의 이름'을 드러내셨습니다. 하나님께서는 이스라엘 자손을 구원하기 위해 모세를 세우셨습니다. 모세는 이스라엘 백성을 고통에서 구원하시고자 하는 이가 누구인지 알고 싶었습니다. 하나님께서는 이스라엘 백성이 고통 가운데 있는 것이 마음 아픈 자, 그래서 그들을 구원하는 자로서 하나님 자신의 이름을 밝히셨습니다. 자신을 "나는 스스로 있는 자이다"라고 밝히시며 자기 백성의 고통 가운데 함께하시며 그들을 구원하시리라 말씀하셨습니다(출 3:14).

이스라엘 백성은 하나님의 자기 표현 "나는~이다"라는 말을 귀하게 여겼습니다. 그들은 "에고 에이미~(나는~이다"라는 표현을 통해 하나님께서 그들에게 어떤 분이신지를 기억하고 배우고 익혔습니다. 그들에게 "에고 에이미"는 구원의 기쁨이 드러나는 표현이며, 하나님의 생명을 누리며 지키는 은혜의 표현이었습니다. 무엇보다 이 표현은 우리의 고통스러운 현실을 마음 아파하시고 우리를 구원하시기 위해 오신 예수 그리스도의 자기 표현이기도 했습니다.

요한은 무엇보다 '생명'을 강조합니다. 그는 요한복음의 끝자락에서 "이것을 기록함은 예수님의 이름을 힘입어 우리에게 생명을 얻게 하려 함이라"라고 밝힙니다(요 20:31). 요한은 살아있다는 것, 즉 생명이 있다는 것에 대해 고민이 많았던 제자였습니다. 그는 동료 제자들과 사도들이 모두 순교하는 가운데 홀로 살아남은 유일한 제자였습니다. 요한은 그 사실을 힘들어했습니다. 그러나 하나님께는 다른 뜻이 있었습니다. 요한의 생명은 예수 그리스도를 통해 주어진 새로운 생명이며, 예수 그리스도가 배불리시며, 동력을 얻게 하시며, 다시 살아나게 하시는 가운데, 길이 되어 타인을 예수 그리스도의 영생으로 인도하는 도구였습니다. 하나님께서는 요한에게 꿋꿋하게 생존하여 살아 숨 쉬면서 그것을 형제들과 세상에 가르치고 전하게 하셨습니다. 결국 사도 요한은 예수님의 자기 표현 "에고 에이미~"이 얼마나 귀한 표현이고 선포이며 고백인지 깨달았습니다. 그는 자기가 복음서에서 정리한 일곱 가지 예수님의 "에고 에이미~"를 사람들에게 전하고 나누며 그것들이 그들의 신앙고백이 되게 했습니다.

2024년 사순절, 토비아선교회는 사도 요한이 기록한 요한복음에 집중합니다. 요한이 소개한 우리에게 생명을 주는 예수님의 일곱 가지 자기표현을 함께 배웁니다. 예수님께서는 이 일곱 가지 표현을 통해 생명을 주시는 자신의 정체성을 밝히셨습니다. 예수님께서 우리에게 밝히신 일곱 가지 표현은 우리에게 새 생명을 주시는 길이며, 생명으로 향하는 유일한 진리입니다. 우리는 우리를 구원하시는 예수 그리스도가 누구인지 분명히 알아야 합니다. 그리고 예수님께서 드러내신 자기표현으로 우리 신앙고백을 삼아야 합니다. 그의 이름에 새로운 생명과 구원이 있음을 확신해 합니다. 2024년 한국교회 어린이들이 생명을 주시는 예수 그리스도의 이름을 분명히 알고 그 이름에 의지하여 생명의 삶을 수 있기를 간절히 소망합니다.

『후아유 지저스』 이렇게 활용하세요!

● 『후아유 지저스』 성경공부교재 구성 및 진행

1. 외울말씀 성경구절을 적고 암송하기
2. 성경이야기 어린이와 함께 성경이야기를 소리내어 읽기
3. 학습활동 성경이야기를 기억하며 과제 완성하기
4. 기도해요 각 과를 마무리하며 한목소리로 기도하고, 1주일 동안 시간을 정해 기도하기

● 『후아유 지저스』 이렇게 시작해요

1. 회개의 기도로 시작해요

한 주간 동안 잘못한 것이 있다면 회개의 기도를 드리며 모임을 시작해요.

2. 함께 나눔으로 시작해요

한 주간 생명이 되신 예수님을 기억하며 우리 삶에서 경험한 은혜에 대해 이야기를 나누어요.

3. 말씀을 복습하며 시작해요

한 주간 동안 외운 말씀을 함께 점검하며 모임을 시작해요.

● 『후아유 지저스』 교사지침

교사지침은 토비아 홈페이지에 업로드 됩니다.
토비아 홈페이지에서 다양한 콘텐츠와
자료를 만나실 수 있습니다.

토비아홈페이지
토비아홈페이지에서
토비아의 다양한 어린이
성경공부 콘텐츠를 만나보세요.

저자 정부선

정부선 전도사는 오랫동안 기독교대한성결교회 어린이 성경공부교재를 집필하는 일에 헌신했다. 현재는 문화촌성결교회 어린이부 전도사로 사역하며, 토비아선교회의 다양한 성경공부교재 개발과 집필 그리고 교회교육 사역자 양성에 헌신하고 있다.

그동안 어린이교재 『예수님이 말씀하시니Ⅰ』, 『예수님이 말씀하시니Ⅱ』, 『예수님을 따라 걸어요』, 『평화의 예수님을 기다려요』, 『예수님의 사랑을 닮아가요』, 『미라클 지저스』, 『예수님이 만난 갈릴리 사람들』, 『예수님을 따라 떠나는 낯선여행』, 『예수, 하나님의 어린양』, 『토비아 컬러링 바이블』 1권, 2권, 3권, 『성탄여행』 그리고 노인교재 『말씀세대』 등을 집필했다.

CONTENTS

1판 1쇄: 2024년 1월 28일

저 자: 정부선
편 집: 오인표
디자인: 오인표
펴낸이: 강신덕
펴낸곳: 도서출판 토비아
등 록: 107-28-69342
주 소: 03383) 서울시 은평구 은평로 21길 31-12, 4층
     T 02-738-2082 F 02-738-2083

ISBN: 979-11-91729-24-5 (03230)

예수님은?
참포도나무!

배울 말씀: 요한복음 15장 1-12절
외울 말씀: 요한복음 15장 5절

보기에서 알맞은 단어를 찾아 ○ 를 채워
요한복음 15장 5절 말씀을 완성하고, 함께 외워요.

나는 ○○○○ 요

너희는 ○○ 라 그가 내 안에,

내가 그 안에 ○○○

사람이 ○○ 를 많이 맺나니

나를 ○○○○ 너희가

아무 것도 할 수 없음이라

요한복음 15장 5절

보기 열매 포도나무 떠나서는 가지 거하면

나무에 붙어 있어요!

예루살렘에 도착한 예수님과 제자들이 어디론가 가고 있어요.

오늘도 요한이 보이지 않네요.

그때, 저기 앞에서 요한이 손을 흔들며 소리쳤어요.

"예수님, 여기에요. 빨리 오세요."

식사준비를 하기 위해 베드로와 함께 먼저 도착했던 요한이 달려오며 말했어요.

"예수님, 2층으로 올라가세요. 저는 식사 때 마실 포도주를 가지러 아주머니께 다녀오겠습니다."

조금 후에 요한이 두 손에 포도주를 가지고 들어오며 말했어요.

"예수님, 올해는 포도농사가 잘 되어 좋은 포도주가 만들어졌답니다."

모두들 자리에 둘러 앉아 준비한 빵과 맛있는 포도주를 나누며 함께 식사를 했어요.

예수님은 식사를 마치시고 요한에게 물었어요.

"요한, 오늘 요한이 가져온 좋은 포도주처럼, 포도나무에는 좋은 열매들만 있을까요?

"아니지요. 열매를 맺었지만 자라지 못하는 것도 있고, 나무에서 떨어진 열매도 있지요."

"요한, 그렇다면 좋은 열매를 맺기 위해서 가장 중요한 것이 무엇일까요?"

"예수님, 저도 그 정도는 알아요. 나무에 가지들이 잘 붙어 있는 것이 지요."

옆에 있던 베드로가 요한의 머리를 쓰다듬자, 다른 제자들이 함께 웃었어요.

그런 모습을 바라보시던 예수님이 제자들에게 말씀하셨어요.

"여러분, 나는 참포도나무입니다."

"참포도나무요?"

제자들은 모두 갸우뚱한 표정으로 예수님의 얼굴을 쳐다보았어요.

"맞아요. 나는 참포도나무입니다. 그리고 내 아버지는 농부이십니다."

"그럼, 우리는요?"

요한이 예수님 앞으로 가까이 다가오며 물었어요.

"여러분은 가지입니다. 가지는 나무에 잘 붙어 있는 것이 중요하지요.

가지는 스스로 생명을 얻을 수 없고, 스스로 열매를 맺지 못합니다.

그러니 나무에 잘 붙어서 나무가 주는 생명을 받아 좋은 열매를 맺어야 겠지요?

열매를 맺지 못하는 가지는 농부이신 내 아버지가 가지들을 잘라 버리실 겁니다.

그러니 여러분들은 나무에
잘 붙어 있는 가지들이 되어야 합니다."

요한은 예수님의 말씀을 듣고,
나무에 붙어있는 가지가
되어야겠다고 생각했어요.
그런데 요한은 어떻게 해야 나무에
붙어 있는 가지가 되는지 알 수 없었어요.
예수님은 요한과 제자들의 얼굴을
보시더니 웃으며 다시 말씀하셨어요.
"여러분, 내 안에 거하십시오.
나의 사랑안에 거하십시오.
내가 아버지의 사랑 안에
거하는 것처럼, 여러분들도
나의 사랑 안에 거하면 됩니다.
그것이 바로 여러분이 참포도나무인
나에게 붙어있는 가지가 되는 방법입니다.
내가 가르쳤던 나의 계명들을 마음속 깊이
기억하세요. 그리고 행하세요.
그리고 내가 여러분들을 사랑한 것처럼, 여러분들도 서로 사랑하세요.
여러분들이 나의 계명을 행하며 많은 열매를 맺으면 내 아버지께서 영광을 받고,
여러분들은 비로서 나의 제자가 되는 것입니다."
요한은 예수님 안에 거하지 않으면 아무것도 할 수 없음을 기억했어요.
입안에서 맴도는 포도주처럼 달콤한 예수님의 사랑으로 행복했어요.

예수님은 참포도나무예요.
그리고 우리는 참포도나무 되시는 예수님께 붙어 있는 가지예요.
우리가 예수님의 사랑안에 거할 때 예수님은 우리에게 새로운 생명을 주세요.

후아유 지저스? 나는 참포도나무입니다.

참포도나무 되시는 예수님께 꼭 붙어 있는 가지가 될 때 우리는 생명을 얻고 열매를 맺을 수 있음을 기억해요. 예수님의 이름표를 색칠하여 완성해보아요.

요한이 전하는 생명의 예수님

참포도나무

생명의 예수님을 기억하며 하나님께 기도해요.

참포도나무되신 예수님, 우리가 예수님께 거할 때 생명을 얻습니다.
우리가 언제나 주님 안에 거하게 하여 주소서.

예수님은?
생명의 떡!

배울 말씀: 요한복음 6장 24-51절
외울 말씀: 요한복음 6장 35절

요한복음 6장 35절을 따라 적고, 말씀을 함께 외워요.

예수께서 이르시되
나는 생명의 떡이니
내게 오는 자는
결코 주리지 아니할 터이요
나를 믿는 자는
영원히 목마르지 아니하리라

요한복음 6장 35절

생명의 떡을 먹어요!

"이곳에 안계신가봐. 그럼 어디에 계신 걸까? 제자들과 함께 가셨나?"

"누구를 찾으시오? 예수님? 어제 제자들만 배를 타고, 예수님은 여기 계셨는데"

"저기를 봐요, 아직 호수가에 배 한 척이 있어요."

어젯밤, 집으로 돌아가지 못했던 사람들이 예수님을 찾느라 아침부터 바삐 움직였어요.

아이들은 보리떡 다섯 개와 물고기 두 마리로 많은 사람을 배불리 먹이셨던

예수님의 이야기를 하느라 아침부터 신이 났어요.

예수님이 행하신 놀라운 기적의 소식을 들은 사람들이 아침부터 이곳으로 모여들기 시작했어요.

그런데 예수님은 이곳에 계시지 않았어요.

"어젯밤에 제자들이 배를 타고 가버나움으로 갔으니, 예수님도 지금 거기에 계실 겁니다."

"맞아요. 우리도 서둘러 가버나움으로 갑시다."

어떤 사람들은 배를 타고, 어떤 사람들은 걸어서 예수님을 찾으러 가버나움으로 떠났어요.

배를 타고 먼저 가버나움에 도착한 사람들이 예수님을 찾았어요.

정말로 예수님은 제자들과 함께 가버나움에 와 계셨어요.

"랍비여, 언제 여기 오셨습니까? 한참을 찾았습니다."

"여러분은 왜 나를 찾았나요? 왜 여기까지 힘들게 나를 만나러 왔나요?.

여러분이 나를 찾는 것이 어제 내가 행한 표적을 보았기 때문입니까?

아니면 떡을 먹고 배가 불렀기 때문입니까?"

예수님의 말씀에 사람들은 아무런 말도 하지 못하고 그저 예수님만 바라보았어요

"여러분은 배를 채우기 위해 오늘 아침, 다시 나를 찾은 것이지요.

그런데 여러분, 한번의 배부름을 위한 양식이 아니라 영원한 생명을 주는 양식을 구하십시오."

"생명을 주는 양식이요? 그것이 무엇입니까?"

예수님은 주변으로 몰려드는 많은 사람들의 얼굴을 바라보시며 말씀하셨어요.

"생명을 주는 양식은 내 아버지께서 하늘로부터 여러분에게 주는 참 떡입니다."

"하늘로부터 주는 참 떡이요? 그럼 우리 조상들이 광야에서 먹은 만나인가요?

예수님, 그 떡을 우리에게 주어 항상 먹게 해주십시오."

예수님은 곁에 서있던 제자들과 사람들의 얼굴을 둘러보신 후 말씀하셨어요.

"하나님의 떡은 하늘에서 내려와 세상에 생명을 주는 생명의 떡입니다.
 여러분, 나는 생명의 떡입니다."

예수님의 말씀을 듣고 있던 사람들이 놀라며 수근거렸어요.

예수님 곁에 서 있던 제자들도 놀라 예수님을 쳐다보았어요.

예수님은 수근거리는 사람들을 향해 큰 소리로 말씀하셨어요.

"여러분, 나는 하늘에서 내려온 생명의 떡입니다.
 내게로 오는 자들은 결코 주리지 않을 것입니다. 나를 믿는 자는 영원히 목마르지도 않을 것입니다.
 내가 하늘에서 내려온 것은 하나님의 뜻을 행하기 위해서 입니다.
 하나님의 뜻은 여러분을 구원하는 것입니다.
 아들을 보고 믿는 자들은 영원한 생명을 얻게 될 것입니다.
 여러분의 조상들이 광야에서 만나를 먹었어도 죽었습니다.
 그러나 나는 여러분들에게 영원한 생명을 주기위해
 하늘에서 내려온 생명의 떡입니다.
 그러니 내게로 와서 와서 먹으십시오. 나는 여러분에게 주는 참 된 양식입니다."

예수님 옆에 서 있던 제자들과 사람들은 그저 예수님의 얼굴을 한참동안 바라보았어요.

요한은 쿵쾅거리며 뛰는 가슴을 붙잡으며
예수님의 말씀을 기억했어요.

예수님은 생명의 떡이에요.
우리는 예수님을 믿고
예수님의 생명의 떡을 먹어야 해요.
우리가 생명의 떡을 먹을 때,
 예수님은 우리에게 영원한 생명을 주세요.

후아유 지저스? 나는 생명의 떡입니다.

우리가 예수님이 하늘로부터 내려온 생명의 떡이심을 믿고 그 떡을 먹을 때 예수님이 우리에게 영원한 생명 주심을 기억해요. 예수님의 이름표를 색칠하여 완성해보아요.

요한이 전하는 생명의 예수님

생명의 떡

생명의 예수님을 기억하며 하나님께 기도해요.

생명의 떡이신 예수님, 우리가 생명의 떡을 먹어 생명을 얻습니다.
우리가 언제나 주님께서 주시는 생명의 떡을 먹게 하소서.

예수님은?
양의 문!

배울 말씀: 요한복음 10장 1-10절
외울 말씀: 요한복음 10장 7절

◯ 안에 말씀의 순서대로 번호를 적어
요한복음 10장 7절 말씀을 완성하여 아래 빈 칸에 적고, 함께 외워요.

예수께서
다시 이르시되

나는
양의 문이라

너희에게
말하노니

내가
진실로 진실로

요한복음 10장 7절

요한복음 10장 7절

구원의 문으로 들어가요!

예수님이 가시는 곳마다 많은 사람과 병자들이 예수님을 만나기 위해 모여들었어요.

오늘도 예수님은 많은 병자를 고치시고, 하나님 나라를 전하셨어요.

한 낮의 뜨겁던 해가 뉘엿뉘엿 넘어가고 있어요.

예수님을 보려고 모였던 사람들이 하나 둘 씩 집으로 돌아갔어요.

베드로가 다른 제자들과 함께 예수님께 다가오며 말했어요.

"예수님, 오늘도 많이 피곤하시죠? 사람들도 모두 돌아갔어요.

이제 집으로 가서서 쉬셔요."

"그래요. 우리도 집으로 갈까요?"

예수님은 자리에서 일어나 제자들과 함께 집으로 향했어요.

그때, 멀리서 양떼의 울음소리가 들려왔어요.

"저기를 봐요. 목자를 따라 양들이 돌아오네요.

예수님을 따라 걸어가는 우리들의 모습과 너무 닮았어요."

요한이 안드레에게 웃으며 말했어요.

요한의 말을 들은 예수님이 가던 길을 잠시 멈추셨어요.

그리고 목자의 음성을 듣고 돌아오는 양들의 모습을 바라보셨어요.

"요한, 저기 문을 통해 우리 안으로 들어가는 양들이 보이죠?"

"네, 예수님! 문으로 들어간 양들은 오늘 평안한 밤을 맞이하겠어요."

예수님이 고개를 돌려 제자들의 얼굴을 바라보시며 말씀하셨어요.

"여러분, 저기 양들이 우리로 들어가는 문이 보이나요?

모두 잘 알고 있듯이 밤이 찾아오면 양들은 저 문을 통해 우리로 들어갑니다."

"맞아요. 예수님, 문을 통과해 우리 안으로 들어가지 않으면 짐승들의 공격을 받을 수도 있어요.

목자가 밤새 문 앞에서 지켜주니 양들은 우리 안에서 안전하게 잠을 잘 수 있어요."

요한의 말에 예수님은 따뜻한 미소를 지어주셨어요.

"여러분, 나는 양의 문입니다."

"네? 저기 보이는 양의 문이라구요?

그럼, 우리도 저기 양들처럼 예수님 안으로 들어가야 겠네요."

뒤에 있던 베드로가 웃으며 말했어요.

제자들도 따라 웃었지만, 예수님이 말씀의 뜻은 알 수 없었어요.

"맞아요. 나는 양의 문입니다.

 양들이 안전한 우리로 들어갈 수 있는 방법은 바로 문을 통과하는 것이지요.

 여러분이 하나님 나라에 들어갈 수 있는 유일한 방법은 나를 통해서만 가능해요.

 나를 통해 들어 가지 않으면 여러분들은 구원을 받을 수 없어요.

 생명을 얻을 수 있는 다른 문은 없습니다.

 그러니, 여러분! 구원의 문으로 들어오세요.

 그리고 그 안에서 기쁨과 참 평안을 누리세요."

요한은 예수님의 얼굴을 바라보며 예수님이 구원의 문임을 기억해 두었어요.

소란하게 들리던 양떼들의 울음소리도 점점 잦아들고 우리 안에는 평안이 찾아왔어요.

예수님은 양의 문이에요.

예수님은 하나님 나라로 들어가는 유일한 구원의 문이에요.

우리가 생명으로 향하는 예수님의 문으로 들어갈 때 참 평안을 얻을 수 있어요.

후아유 지저스? 나는 양의 문입니다.

양의 문이 되시는 예수님을 통해서만 구원을 받을 수 있고, 하나님 나라에 들어갈 수 있고 있음을 기억해요. 예수님의 이름표를 색칠하여 완성해보아요.

요한이 전하는 생명의 예수님

양의 문

생명의 예수님을 기억하며 하나님께 기도해요.

양의 문이 되신 예수님, 우리가 예수님께 예수님을 통하여 새로운 생명을 얻습니다.
우리가 구원의 유일한 문되신 주님만 따르게 하소서.

예수님은?
세상의 빛!

배울 말씀: 요한복음 9장 1-41절
외울 말씀: 요한복음 9장 5절

요한복음 9장 5절을 찾아 읽고,
◯를 채워 말씀을 완성한 후, 함께 외워요.

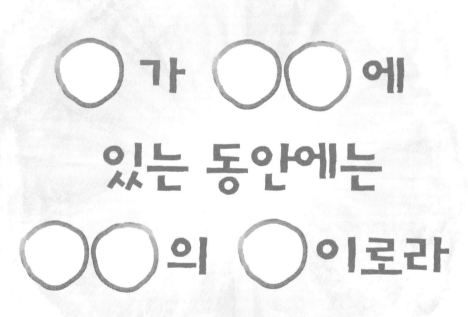

◯가 ◯◯에

있는 동안에는

◯◯의 ◯이로라

요한복음 9장 5절

생명의 빛을 보아요!

"누가 나에게 실로암 연못으로 가는 길을 좀 알려주세요.
 저는 지금 그곳으로 가야 합니다."
태어날 때부터 앞을 보지 못하는 청년이 급하게 실로암 연못으로 가고 있어요.
그런데 그만 발이 돌부리에 걸려 넘어지고 말았어요.
앞을 보지 못하는 청년은 일어나 앉으며 두 손으로 눈에 진흙이 잘 붙어 있는지 확인했어요.
그때 누군가가 청년에게 다가와 말했어요.
"이봐요 청년, 조금 더 가면 실로암 연못인데, 무슨 일이요?"
"저는 태어날 때부터 앞을 못 보는 사람입니다.
조금 전에 사람들이 예수라 하는 분을 만났습니다. 예수님은 자신이 세상의 빛이라고 말씀하시며, 두 손으로 진흙을 만들어 눈에 붙여 주셨어요. 그리고 실로암 연못에 가서 씻으라 말씀하셨어요.
그래서 저는 지금 그곳으로 가야합니다."
"그럼, 내가 연못까지 데려다주겠소"
앞을 보지 못하는 청년은 그 남자를 따라 실로암 연못으로 갔어요.
그리고 두 손에 물을 가득 담고 눈을 씻었어요.
진흙이 조금씩 떨어지더니 두 눈사이로 전에는 느낄 수 없었던 빛이 들어왔어요.
어두웠던 세상이 조금씩 환하게 밝아졌어요. 청년은 천천히 두 눈을 떠보았어요.
"보여요. 내 눈이 보입니다."
이것을 본 많은 사람들이 순식간에 소란해졌어요.

이일로 바리새파 사람들이 청년을 다그치며 물었어요.
"너는 태어날 때부터 앞을 보지 못했던 그 청년이 아니냐.
 그런데, 어찌하여 네가 세상을 보느냐! 누가 너의 눈을 보게 해주었는지 말해보라"
"예수님입니다. 예수님이 제 눈을 뜨게 하시고, 세상의 빛을 보게 하셨습니다.
 예수님은 분명 하나님께로 부터 오신 분입니다."
바리새파 사람들은 화를 내며 청년에게 말했어요.
"네가 어찌 그리 말을 하느냐!"
"저처럼 날 때부터 앞을 못 보는 사람의 눈을 뜨게 한 사람은 한 명도 없었습니다.

예수님이 하나님께로부터 오신 분이 아니라면, 내가 내가 볼 수 있겠습니까?
나는 예수님이 하나님께로부터 오신 분임을 믿습니다."
바리새파 사람들은 청년의 말을 듣고 더욱 화를 내며 그를 마을에서 쫓아냈어요.

청년이 쫓겨났다는 소식을 들은 예수님이 제자들과 함께 그를 찾아 만나셨어요.
그런데 청년은 자기 앞에 서 계신 분이 예수님인지 알아보지 못했어요.
예수님은 청년에게 물으셨어요.
"당신은 인자를 믿나요?"
"네? 선생님은 인자가 누구인지 아시나요?
지금 그 분이 어디에 계신가요? 제가 그분을 믿고자 합니다."
청년의 간절한 마음을 아신 예수님은 미소 띤 얼굴로 말씀하셨어요.
"당신은 그 사람을 만났습니다. 당신은 인자를 보았습니다."
"제가요? 지금 그분은 어디에 계신가요?
"지금 당신과 말하고 있는 사람이 바로 인자입니다."
"네? 당신이 그분이라고요? 당신이 예수님이군요!
내가 앞을 보지 못했을 때도 예수님을 알아보지 못했는데,
세상을 보게 된 지금도 예수님을 알아보지 못했네요.
이제 내가 예수님이 누구인지 알게 되었습니다.
예수님이 세상을 구원하기위해 하나님께로부터 오신
빛이심을 내가 믿습니다."
예수님은 그곳에 있던 모든 사람들에게 말씀하셨어요.
"여러분, 나는 빛으로 세상에 왔습니다.
 그러니 나를 믿는 자는 생명을 얻게 될 것입니다."
요한은 세상 가운데 빛으로 서 계신 예수님을
바라보며 기뻐하는 청년을 보았어요.
그리고 예수님이 세상을 비추는 빛으로
오셨음을 기억해 두었어요.

예수님은 세상의 빛이에요.
예수님은 세상의 어둠을 밝히시는 유일한 빛이에요.
빛 되시는 예수님을 믿을 때 우리는 빛 가운데 거하며 새 생명을 얻을 수 있어요.

후아유 지저스? 나는 세상의 빛입니다.

세상을 비추는 예수님의 빛 안에 거할 때 우리는 예수님이 하나님의 아들임을 알고 믿어 새 생명을 얻을 수 있음을 기억해요. 예수님의 이름표를 색칠하여 완성해보아요.

후아유
지저스

요한이 전하는 생명의 예수님

세상의 빛

생명의 예수님을 기억하며 하나님께 기도해요.

세상의 빛이 되신 예수님, 예수님께서 비추신 밝은 빛을 통해 우리는 세상을 볼 수 있습니다. 우리가 예수님께서 비추신 빛으로 영원한 생명을 보게 하소서.

예수님은?
길과 진리, 생명!

배울 말씀: 요한복음 14장 1-6절
요한복음 6장 16-21절
외울 말씀: 요한복음 14장 6절

암호를 풀어 🔒 안에 들어갈 단어를 채워
요한복음 14장 6절 말씀을 완성한 후, 함께 외워요.

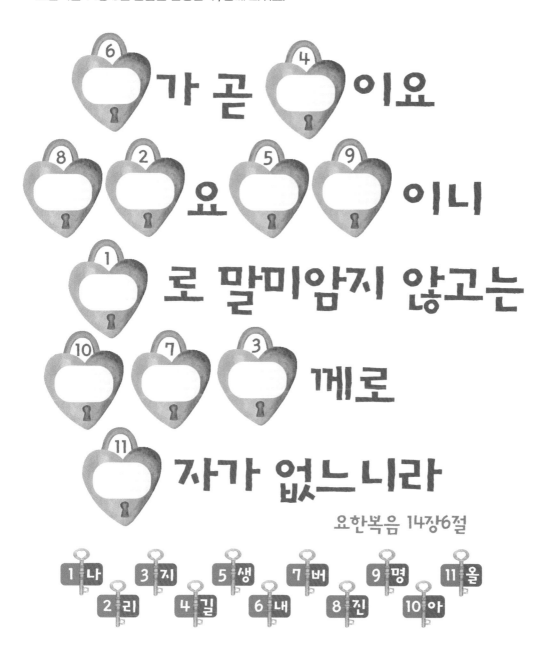

6 ◯가 곧 **4** ◯이요

8 ◯ **2** ◯요 **5** ◯ **9** ◯이니

1 ◯로 말미암지 않고는

10 ◯ **7** ◯ **3** ◯께로

11 ◯자가 없느니라

요한복음 14장 6절

1 나 3 지 5 생 7 버 9 명 11 올
2 리 4 길 6 내 8 진 10 아

생명의 길로 가요!

유월절이 다가오자, 예수님은 제자들과 함께 예루살렘으로 가셨어요.

예루살렘에 도착하니 이미 많은 사람들로 북적거렸어요.

많은 사람들과 복잡한 거리 사이에서 길을 잃을 수도 있었어요.

사람들에게 떠밀려 요한이 그만 예수님과 제자들로부터 떨어지게 되었어요.

요한은 두리번거리며 예수님과 다른 제자들을 찾았지만 아무도 보이지 않았어요.

갑자기 두렵고 걱정되는 마음이 들기 시작했어요.

그때 요한을 부르는 예수님의 소리가 들렸어요. 바로 예수님 이었어요.

"요한, 길을 잃었군요. 내가 옆에 있으니 이제 괜찮아요."

예수님은 다정하게 요한의 어깨를 감싸 안으시며 말씀하셨어요.

어느새 형 야고보가 다가와 걱정했다는 듯 요한에게 이야기 했어요.

"요한, 앞으로는 한눈 팔지 말고 예수님을 잘 따라가야야 해, 알았지?"

형과 다른 제자들의 얼굴을 보고 빙긋 웃었어요.

저녁 시간이 되자, 예수님은 제자들과 식탁에 둘러 앉아 식사를 하시며 말씀하셨어요.

"여러분, 나는 이제 하나님께서 예비하신 길로 떠나야 합니다."

제자들은 갑자기 떠나야 한다는 예수님의 말씀에 어리둥절했어요.

"그러니 여러분은 서로 사랑하고 서로 의지하세요.

 그리고 내가 여러분에게 가르친 모든 것을 잘 지켜야 합니다."

제자들은 예수님이 지금 무슨 말씀을 하시는지 이해할 수 없었어요.

생각도 많고, 질문도 많은 도마는 참을 수가 없어 서둘러 예수님께 물었어요

"예수님, 지금 어디로 가신다는 건가요? 그럼, 우리는 어디로 가야 하나요?"

"여러분은 지금 내가 가는 곳으로 갈수 없어요. 그러나 나를 통해서 하나님께 이를 수 있답니다.

 그러니 길과 진리, 생명인 나를 믿으세요. 나를 따르세요."

요한은 예수님의 말씀이 무엇을 의미하는지 이해 할 수 없었으나,

오래전 예수님이 갈릴리에서 보이신 기적이 생각났어요.

그날 밤, 가버나움으로 가기 배를 타고 갈리리 바다를 지나던 제자들이 큰 풍랑을 만났어요.

바다를 덮은 짙은 안개 때문에 앞이 보이지 않았어요.

거세게 불어오는 바람이 제자들의 배를 마구 흔들었어요.

제자들은 결국 갈릴리 바다에서 길을 잃었어요.

제자들은 노를 저어 건너편으로 가려 했지만 어디로 가야 할 지 길이 보이지 않았어요.

그때였어요. 누군가 안개 속을 뚫고 거친 바다 위를 걸어 왔어요.

"예수님?" 요한이 출렁이는 바다 위를 걸어오시는 예수님을 알아보고 크게 소리쳤어요.

"여러분 저기를 보세요. 예수님이 바다 위를 걸어 오세요."

제자들은 모두 고개를 돌려 요한이 가리킨 곳을 바라보았어요.

"여러분, 납니다. 그러니 두려워하지 마세요."

예수님은 제자들을 안심시키신 후 배에 오르셨어요.

그러자 바람도, 파도도 잠잠해졌어요. 안개가 걷히고 배가 나아가야 할 길이 보였어요.

예수님과 동행하게 된 제자들은 힘차게 노를 저어 건너편 가버나움에 무사히 도착했어요.

요한은 오래전 갈릴리 바다에서 예수님이 함께 하셨음을 기억했어요.

오늘 예루살렘 거리에서도 예수님이 동행하셨음을 기억했어요.

그리고 길이신 예수님, 진리이신 예수님,

생명으로 인도하시는 예수님만 믿고 따를 것을 다짐했어요.

예수님은 길과 진리, 생명이에요.

예수님은 우리를 진리와 생명으로 인도하는 길이에요.

예수님과 함께 생명의 길로 나아갈 때에 우리는

새 생명을 얻어 구원받을 수 있어요.

후아유 지저스? 나는 길과 진리와 생명입니다.

진리의 길로 인도하시는 예수님, 생명의 길로 인도하시는 예수님과 함께 할 때 새 생명을 얻을 수 있음을 기억해요. 예수님의 이름표를 색칠하여 완성해보아요.

후아유 지저스

요한이 전하는 생명의 예수님

길, 진리, 생명

생명의 예수님을 기억하며 하나님께 기도해요.

생명으로 향하는 길 되신 예수님, 우리가 주님의 길을 걸으며 생명으로 향합니다. 예수님, 우리가 생명으로 향하는 길에 주님과 동행하게 하소서.

예수님은?
선한 목자!

배울 말씀: 요한복음 10장 11~18절

외울 말씀: 요한복음 10장 11절

보기에서 알맞은 단어를 찾아 ☐를 채워

요한복음 10장 11절 말씀을 완성하고, 함께 외워요.

요한복음 10장 11절

목자의 사랑을 기억해요!

오늘도 예수님은 많은 병자를 고치시고 하나님 나라를 전하셨어요.

집으로 돌아가는 길에 어디선가 양들을 부르는 목자의 휘파람 소리가 들려왔어요.

그리고 양들의 울음소리도 들려왔어요.

저녁이 되어 양들이 목자를 따라 집으로 돌아오고 있었어요.

예수님은 잠시 나무아래 앉으시며 제자들을 바라보았어요.

요한은 예수님이 무슨 말씀을 하실까 궁금해 하며 예수님 옆으로 다가와 앉았어요.

"여러분, 오늘 아침에 길을 가다가 목자를 따라와 물을 마시던 양떼를 기억하나요?"

"네, 기억나요. 양들이 물을 먹는 동안 주변에 위험한 것은 없는지
두리번 거리며 열심히 살피던 목자의 모습도 기억나요."

"그럼, 여러분들이 생각하기에 그 목자는 선한 목자일까요? 삯꾼 목자일까요?"

"양들을 저렇게 잘 데리고 와 물을 먹이고 열심히 지키고 있으니 선한 목자입니다."

요한이 예수님께 대답하자, 옆에 있던 도마가 손을 저으며 말했어요.

"아니지, 삯꾼 목자도 양들에게 물을 찾아 먹여주니 저 모습만으로는 알 수 없어요."

예수님이 도마의 대답에 고개를 끄덕이며 제자들에게 다시 물으셨어요.

"두 명의 목자가 있어요.
이 사람은 양들의 얼굴과 양들의 소리를 잘 알아요.
양들에게 무엇이 필요한지 늘 생각하며 좋은 꼴과 시원한 물을 찾아다녀요. .
양들이 딴 곳으로 가지 못하도록 늘 옆에서 살펴요.
사나운 짐승이 나타나면 양들을 지키기 위해 싸우며 때로는 자기 목숨을 버리기도 하지요.
이 사람은 어떤 목자일까요?"

예수님의 이야기를 듣고 있던 요한이 대답했어요.

"예수님, 분명 선한 목자입니다."

"맞아요. 양들을 정말 사랑하는 선한 목자입니다.
또 다른 사람이 있어요.
이 사람은 자기가 돈을 받은 만큼만 양들을 위해 일합니다.
자기가 돌보는 양들이 자기 것이 아니기 때문에 양들을 알려고 하지 않아요.

그저 꼴을 먹이고 물을 마시게 할 뿐 양들을 사랑하지 않아요.
사나운 짐승이 양을 해치는 것을 보고도 양을 버리고 도망가지요.”
우리는 이런 사람을 삯꾼 목자라고 부르지요.”

예수님이 자리에서 일어나 제자들을 바라보시며 말씀하셨어요.
“여러분, 나는 선한 목자입니다. 그리고 여러분은 나의 양들입니다.
 내가 하늘 아버지를 잘 알고 아버지께서 나를 잘 아시듯, 나도 나의 양들인 여러분을 잘 알지요.
 선한 목자가 양들을 위해 늘 최선을 다하듯 나도 여러분을 위해 최선을 다할 것입니다.
 선한 목자가 아낌 없이 자기를 버리듯, 나도 여러분을 위해 나의 목숨을 버립니다.
 그런데, 나에게는 여러분 말고도 나와 함께 하지 않는 다른 양들도 많이 있답니다.
 나는 그들도 인도해야 합니다. 그러니 여러분, 나를 잘 따라야 합니다.
 나는 여러분을 사랑해서 여러분의 선한 목자가 되었습니다.”
요한은 예수님이 나를 사랑해주는 선한 목자인 것이 너무 좋았어요.
선한 목자 되신 예수님이 우리를 생명으로 인도해주심을 기억했어요.

예수님은 선한 목자에요.
예수님은 우리를 위해 목숨을 내어주는 선한 목자에요.
선한 목자 예수님의 인도와 돌봄 속에서 우리는
구원과 영원한 생명을 누릴 수 있어요.

후아유 지저스? 나는 선한 목자입니다.

선한 목자 되신 예수님의 인도와 돌봄 안에 있을 때 영원한 생명을 얻을 수 있음을 기억해요. 예수님의 이름표를 색칠하여 완성해보아요.

생명의 예수님을 기억하며 하나님께 기도해요.

선한 목자되신 예수님, 예수님께서 우리를 위해 생명을 버리시므로 우리가 새로운 생명을 얻습니다. 예수님, 우리를 생명으로 인도하소서.

예수님은?
부활과 생명

배울 말씀: 요한복음 11장 17-44절
외울 말씀: 요한복음 11장 25~26절

요한복음 11장 25~26절의 말씀을 따라 적고, 함께 외워요.

예수께서 이르시되
나는 부활이요 생명이니
나를 믿는 자는 죽어도 살겠고
무릇 살아서 나를 믿는 자는
영원히 죽지 아니하리니
이것을 네가 믿느냐

요한복음 11장 25-26절

부활의 예수님을 믿어요!

예수님은 예루살렘을 떠나 제자들과 함께 요단 강 건너편으로 가셨어요.

그리고 그곳에서 예수님이 진리와 생명이심을 가르치셨어요.

그 때, 베다니에서 누군가 달려와 예수님의 친구 나사로가 아프다는 소식을 전해주었어요..

나사로가 아프다는 소식을 들은 예수님은 그곳에 계시면서 이렇게 말씀하셨어요.

"여러분, 나사로가 병으로 아픈 것은 하나님의 영광을 위해서 입니다."

이틀이 지난 후, 예수님은 베다니로 가시면서 제자들에게 말씀하셨어요.

"여러분, 우리 친구 나사로가 깊은 잠에 들었습니다. 이제 우리가 나사로를 깨우러 가야 합니다."

저기 멀리 베다니 마을이 보이기 시작했어요.

마을 입구에 도착 했을 때 예수님은 제자들에게 말씀하셨어요.

"여러분, 나사로는 이미 죽었습니다."

예수님은 나사로가 이미 죽었고, 무덤에 있는 것을 알고 계셨어요.

그러나 예수님은 죽은 나사로를 다시 살리고, 하나님께 큰 영광을 돌리기 위해 베다니로 오셨어요.

제자들과 사람들에게 예수님에 대한 큰 믿음을 심어주기 위해 베다니로 오셨어요.

나사로가 죽어 슬퍼하는 마르다와 마리아를 위로하기 위해 베다니로 오셨어요.

마르다가 마을로 들어오시는 예수님을 보고 달려와 말했어요.

"예수님이 여기 계셨으면 오빠가 죽지 않았을 거에요!

그렇지만 지금이라도 예수님이 하나님께 구하신다면 그대로 이루어질 것을 믿어요."

예수님은 마르다의 얼굴을 바라보며 말씀하셨어요.

"마르다, 걱정하지 마세요. 나사로는 다시 살아날 것입니다."

"알지요. 마지막 날 부활 때에는 다시 살아날 줄을 내가 합니다."

"마르다! 나는 부활이고 생명입니다. 그러니 나를 믿는 사람은 죽어도 살 것입니다.

그런데 살아서 나를 믿는다면 영원히 죽지 않을 것입니다."

"아멘, 예수님께서 그리스도시고 세상에 오신 하나님의 아들이신 줄 내가 믿습니다."

마르다가 이렇게 대답하고 가서 마리아에게 예수님이 오셨음을 알렸어요.

예수님이 오셨다는 말을 들은 마리아가 달려와 예수님의 길을 막고 엎드려 크게 울면서 말했어요.

"예수님, 예수님이 계셨더라면 오빠가 죽지 않았을 거에요."

슬피 우는 마리아의 모습을 보니 예수님의 마음이 아파왔어요.

"마리아, 내 친구 나사로를 어디에 두었습니까?"

예수님은 슬퍼하는 이들과 함께 나사로의 무덤으로 가까이 가셨어요.

"무덤을 막고 있는 돌을 옆으로 옮기세요."

마르다와 마리아 그리고 사람들은 예수님을 말렸어요.

"예수님, 장례를 치른 지 삼 일이 지났습니다. 나사로는 이미 죽었습니다."

그러나 예수님은 단호하고 분명하게 말씀하셨어요.

"여러분! 내 말을 믿으면 하나님의 영광을 보게 될 것이라고
말하지 않았나요? 어서 문을 여세요!"

예수님은 한 걸음 더 무덤 앞으로 나아가셨고, 사람들은 돌문을 열었어요.

"하나님 아버지, 이제 내 말을 들으시고 사람들로 하여금
아버지께서 나를 보내신 것을 믿게 하소서!"

예수님은 하늘을 향해 짧은 기도를 하신 후,
무덤 안을 향해 소리치셨어요.

"나사로야! 나오라!"

놀라운 일이 일어났어요.

죽은 나사로가 일어나, 무덤에서

스스로 걸어 나왔어요.

예수님은 죽어 생명이 없는 나사로를

살리시고, 다시 생명을 갖게 하셨어요.

많은 사람들이 죽은 나사로가

다시 살아나 걷는 것을 보고 크게 놀랐어요.

이것을 본 많은 제자들과 사람들은

예수님이 하나님의 아들임을 믿게 되었어요.

예수님은 부활과 생명이에요.

예수님은 죽음 가운데 있는

사람들에게 살리시는 생명이에요.

부활과 생명이 되시는 예수님을

믿을 때 우리는 영원한

새 생명을 얻을 수 있어요.

후아유 지저스? 나는 부활과 생명입니다.

부활과 생명 되시는 예수님이 죽음 가운데 있는 사람들을 살리시는 하나님의 아들임을 믿을 때 새 생명을 얻을 수 있음을 기억해요. 예수님의 이름표를 색칠하여 완성해보아요.

요한이 전하는 생명의 예수님

부활, 생명

생명의 예수님을 기억하며 하나님께 기도해요.

부활의 예수님, 죽음을 이기시고 부활하시므로 우리에게 새로운 생명과 승리를 허락하신 예수님, 부활의 예수님을 찬양합니다. 생명을 주신 예수님 찬양합니다.